Bibliographische Information der deutschen Nationalbibliothek:

Die deutsche Nationalbibliothek verzeichnet diese Publikation in der deutschen Nationalbibliographie; detaillierte bibliographische Daten sind im Internet unter http:// dnb.dnb.de abrufbar.

© 2018 Jespersen, W.A.

Herstellung und Verlag:
BoD- Books on Demand, Norderstedt

ISBN: 9783744850704

Will Arne Jespersen

Stille Tropfen- Gedanken eines einzigen Menschen

Wenn mein Name aufgerufen wird, dann versagt sicherlich das Mikrofon.

Ich habe einmal etwas Großes kreiert, doch leider zu spät, ein anderer hatte es schon herausgebracht. Seitdem kreiere ich nicht mehr.

Wenn ich einmal ohne Ticket fahre, erscheint der Schaffner.

Wenn Andere ohne Ticket fahren, erscheint er nie.

Man könnte noch einmal etwas Neues beginnen, denke ich, aber dafür müsste man etwas Altes haben.

Wenn ich ein Hemd kaufen will, ist meine Farbe immer ausverkauft, denke ich.

Wenn ich einmal zum Badesee fahre, wird es bestimmt gewittern.

Oft denke ich, es könnte Farben geben.

Als ich früher in der Schule mir besonders Mühe bei der Heimarbeit gab, war der Lehrer am nächsten Tag krank.

Ich würde nie etwas gewinnen denke ich, und zerreiße das Los.

Ein Instrument sollte man lernen, aber es beklemmt mich vorher nichts darüber zu wissen.

Wenn ich verreise, fällt der Zug aus.

Einmal sprach ich mit einer Frau, aber ich glaube sie war eine Hexe.

Am liebsten sitze ich still im Sessel.

Ich bin gerne alleine, lüge ich.

Man könnte in einen Verein gehen und dort Neues erleben, aber man würde mich dort kaum aufnehmen, dachte ich.

Wenn ich zum Sport gehe, werde ich bestimmt vom Ball getroffen, denke ich.

Wenn ich einer unter achtzigtausend wäre, wäre ich dann noch einer?

Wenn einmal etwas schön war, wusste ich es nicht.

Ich fliege nicht weg, aus Angst meinen Pass zu vergessen.

Man könnte ins Restaurant gehen, aber nachher verschütte ich wieder den Wein, denke ich.

Religion ist für Menschen, nicht umgekehrt, glaubte ich.

Wenn ich einmal ein besonders schönes Sommerhemd trage, regnet es.

Wenn ich einmal sterbe, soll ein pompöser Stein sich meiner Erinnern. Eventuell auch Menschen.

Nur bei mir fährt der Busfahrer an der Haltestelle vorbei, denke ich.

Ich glaube, fremde Menschen mögen mich nicht, aus Angst ich könnte Ihnen innerlich überlegen sein.

Einmal sprach ich mit einem Mann, aber ich glaube er war ein Drogenbaron.

Kaufe ich mir Absatzschuhe, brechen sie weg.

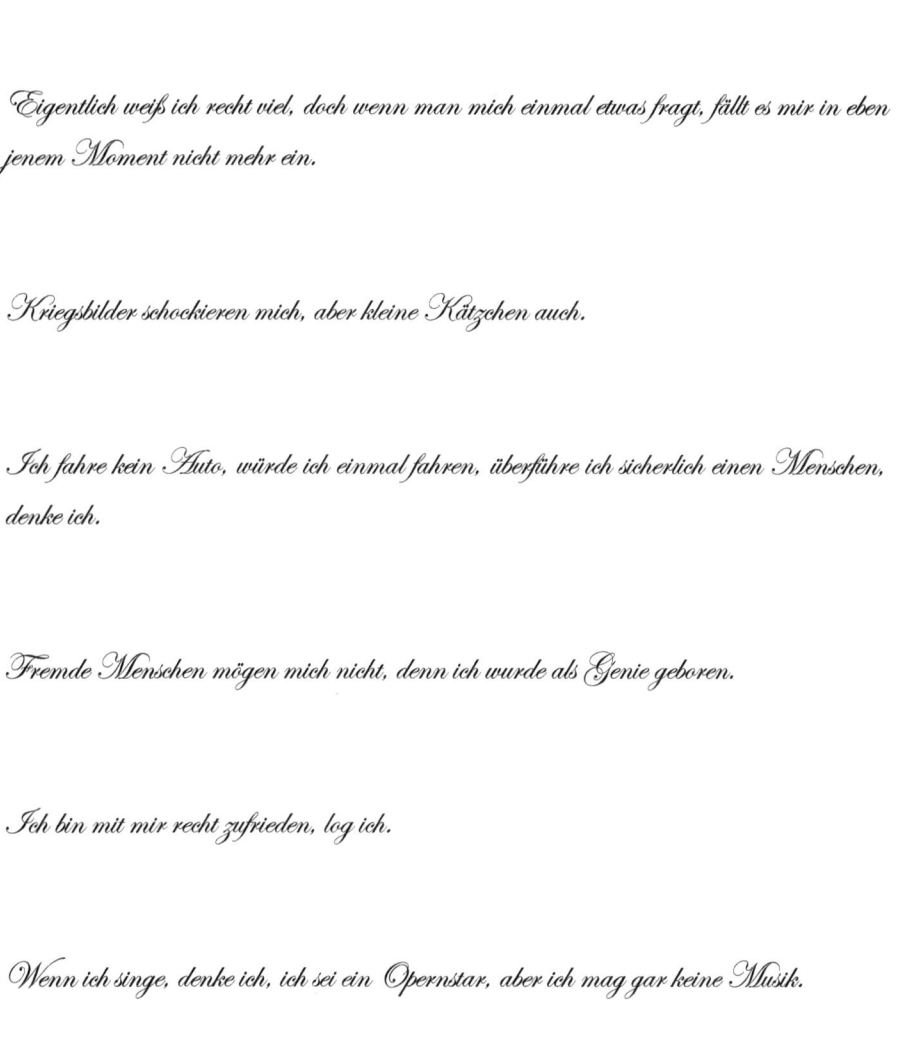

Eigentlich weiß ich recht viel, doch wenn man mich einmal etwas fragt, fällt es mir in eben jenem Moment nicht mehr ein.

Kriegsbilder schockieren mich, aber kleine Kätzchen auch.

Ich fahre kein Auto, würde ich einmal fahren, überführe ich sicherlich einen Menschen, denke ich.

Fremde Menschen mögen mich nicht, denn ich wurde als Genie geboren.

Ich bin mit mir recht zufrieden, log ich.

Wenn ich singe, denke ich, ich sei ein Opernstar, aber ich mag gar keine Musik.

Wenn eine Taube ich Geschäft verrichtet, werde immer ich getroffen.

Das Leben ist fröhliches Wasser, rede ich mir ein.

Ich kann niemanden begrüßen, ich schäme mich meiner nassen Hände.

Wenn man mich fragt, bin ich für anständige Kleidung, aber hat jemand zu wenig an, sehe ich trotzdem hin.

Sexualität ist natürlich, man muss es nur glauben, rede ich mir ein.

Würde ich dazugehören, wäre ich beliebt, denke ich manchmal.

Ich koche sehr gut, aber käme Besuch würde mir das Essen verbrennen, daher esse ich lieber allein.

Niemals würde ich mein Leben aufschreiben, denn niemand würde es lesen.

Alkohol verschütte ich meist.

Ich denke, eine höhere Macht verfolgt uns.

Wenn ich mich in meiner Meinung immer der Masse anpasse, müssen sie mich mögen, denke ich.

Weil meine Eltern immer warnten, dass viele Böse sind, möchte ich noch heute nicht mit Menschen sprechen.

Ein Anarchist bin ich nicht, rechtfertige ich mich.

Ich bin in der falschen Zeit geboren denke ich, das Digitale liegt mir nicht.

Warum bin ich heute?

Wenn ich liege, geht die Sonne unter, wenn ich stehe auch.

Ein Tier wäre ein treuer Gefährte denke ich.

Aber wenn es stirbt, war alles umsonst, sage ich mir und lasse es.

Schon oft wollte ich das Leben genießen.

Wenn ich die Schule geschafft habe, lebe ich, dachte ich.

Wenn ich einen Studienabschluss habe, lebe ich, dachte ich.

Wenn ich im Beruf integriert bin, lebe ich, dachte ich.

Wenn das Haus bezahlt ist, lebe ich, dachte ich.

Manchmal nehme ich nur Jahreszeiten wahr.

Wenn ich in Rente gehe, kann ich leben. Dann habe ich Zeit.

Ich habe auch jetzt Zeit, aber ich verbringe Sie gähnend.

Ich hatte sehr schöne Haare, doch sie fielen aus, und keiner weiß es mehr.

Wenn Menschen in fremden Sprachen sprechen, bin ich geängstigt, es klingt aggressiv für mich.

Deutsch ist eine harte Sprache, wenn andere Sie sprechen, denke ich, sie reden über mich.

Geld ist Welt.

Treffe ich einmal jährlich einen alten Kollegen, so versuche ich immer derselbe zu sein.

Man könnte.

Ich würde gerne Wandern, aber ich bräche mir die Knochen, denke ich.

Ich hasse Gardinen, aber es gehört sich nun einmal so.

Manchmal gebe ich den Menschen Namen und fühle mich erhaben.

Meinen Namen konnten sich schon die Lehrer nicht merken.

In der Schule zeigte ich nicht auf, obwohl ich es wusste, aus Angst sie würden mich wieder Willi nennen. Ich verehre Willi, daher darf man uns nicht gleichstellen.

Beowulf müsste man sein.

Geschwätzigkeit ist ein ernstes Laster, denke ich.

Man könnte für Werte einstehen oder sein Leben behalten.

Ich kenne jede Nuance eines Grautons, frohlocke ich kurz.

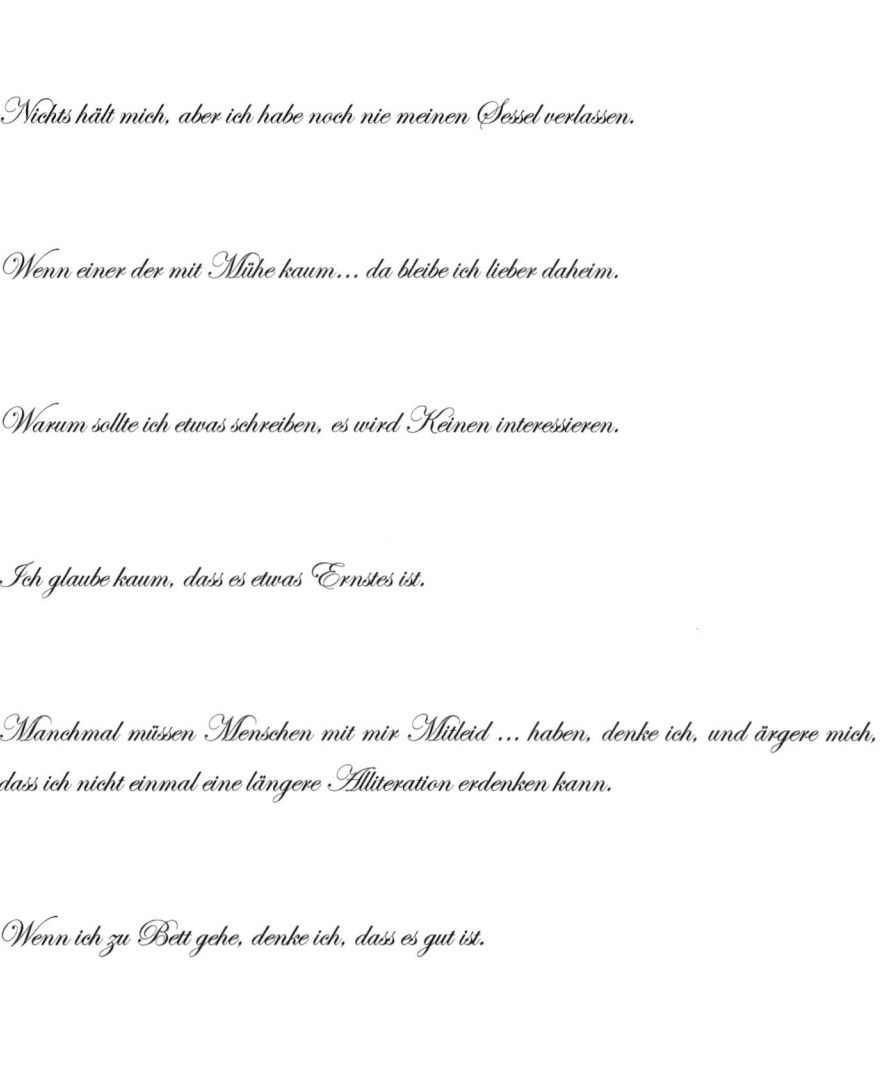

Nichts hält mich, aber ich habe noch nie meinen Sessel verlassen.

Wenn einer der mit Mühe kaum… da bleibe ich lieber daheim.

Warum sollte ich etwas schreiben, es wird Keinen interessieren.

Ich glaube kaum, dass es etwas Ernstes ist.

Manchmal müssen Menschen mit mir Mitleid … haben, denke ich, und ärgere mich, dass ich nicht einmal eine längere Alliteration erdenken kann.

Wenn ich zu Bett gehe, denke ich, dass es gut ist.

Wenn ich überlege, welche Krankheiten es gibt, fühle ich mich schlecht.

Eines Tages sterbe ich. Zum Glück habe ich meinen Stein.

Jeden Tag kann jemand sterben denke ich und vergesse, dass es nur ein einziger Tag im Leben ist.

Manchmal würde ich gerne aufstampfen, doch zerstörte mich der Boden dabei.

Viele sind nur Menschen-Karikaturen und ich gehöre dazu, denke ich oft.

Menschen gehen mit Fahrradhelm einkaufen, dieses Selbstbewusstsein hätte ich auch gerne, denke ich oft und verstecke ihn.

Mein Rad parke ich lieber weit weg, aus Angst man könnte denken, ich könnte kein Autofahren.

Ich fahre kein Auto.

Ich mag lieber den Winter als den Sommer, da sind die Tage zu lang.

Wenn ich mich irgendwo engagieren würde, wäre ich ein nützlicher Idiot.

Ich würde gerne Kindern vorlesen, aber die Leute würden reden dann.

Wenn beim Schlachter eine neue Verkäuferin hinter der Theke steht, gehe ich nicht herein und komme lieber morgen wieder.

Von allen inneren Stimmen, höre ich nur ein leises Echo.

Man müsste einen Drachen steigen lassen, denke ich.

Ich möcht' als Spielmann reisen……

Ich bin der Einzige der Unerkannt bleibt, wenn er einmal erkannt werden will.

Nach oben buckeln, nach unten treten ist unsere ureigenes Naturell, denk ich, und schreibe es.

Ich frage mich, wen ich treten könnte.

Ich las von einem Theaterstück, das mich interessierte, aber es gab keine Karten mehr.

Auf der anderen Seite kann man stolz sein, kein Schädling zu sein.

Jeder ist etwas Wert denke ich, aber manche sind Werter.

Ich werde wohl nur Werther bleiben, denke ich kurz, aber ich mag mich nicht erinnern.

Ich rede mir ein, einst jung und stürmisch gewesen zu sein.

Ich bin 29, nur wie oft?

In Großbritannien gibt es ein eigenes Ministerium, ich lebe im falschen Land.

Viele sind einsam, aber ich kenne einen, log ich.

Es ist noch keiner zu spät gekommen.

Ich würde mir gerne etwas gönnen, aber was sollen dann die anderen von mir denken?

Wenn ich etwas kaufe, freue ich mich, aber dann verstecke ich es, aus Angst es könnte beneidet oder bemitleidet werden.

Auch ohne Leichen, war ich lange nicht im Keller.

Gehört einem, was man bezahlen könnte?

Viele Zimmer werden mit der Zeit flacher.

Früher war alles……

Wenn ich früher gelebt, müsste ich mich nicht mit der Gegenwart herumärgern.

Wenn ich sprechen muss, klingt meine Stimme verzerrt.

Wäre ich ein Tiger, ich wäre Bettvorleger.

Ich zertrample Käfer.

Stürzen kann ich.

Wenn ich durch den Wald gehe, stürzt ein Ast auf mich herab. Das ist zu gefährlich, denke ich.

Man müsste Ringelnatz sein.

Exotische Frauen ziehen mich an, aber es könnte der Verdacht aufkommen, ich hätte sie gekauft.

Im Krimi wäre ich eine Leiche, denke ich.

Ich wüsste so gerne, wie weit unendlich ist, doch denke ich darüber zu viel nach, werde ich eingeliefert werden müssen.

Ich glaube, wir existieren des Schicksals wegen und durchlaufen es immer wieder.

Ich habe ein ansehnliches Gedicht geschrieben, aber ich meinen Namen konnte ich nicht dazuschreiben. Ich schrieb Karl Heinz Klötering, aber keiner wollte es drucken.

Dabei dachte ich, es sei ein besserer Name, als meiner.

Nur wenn ich einer Frau schreibe, antwortet sie nicht.

Alle sind individuell, aber ich bin individueller.

Jeder darf eine Meinung haben, am liebsten meine. Andere machen mir Angst.

Wo wird einst des Wandermüden....

Ich gehe nicht in eine Bar, ich weiß nicht, was man dort trinkt.

Jung sein sollte man.

Hättest du geschwiegen.....

Manchmal sage ich tagelang nichts.

Anderentags rede ich Stunden um Stunden, doch später fällt mir auf, in der runden Ecke des Zimmers, steht niemand und hört zu.

Viele Ecken werden mit der Zeit runder.

Besser nicht auffallen, als eine tote Leiche, denke ich.

Meine Gedanken sind sicher, die moderne Technik späht mich nicht aus, denkt eine dicke Frau gegenüber. Ich denke das nicht.

Meine Freiheit endet an der Hausschwelle.

Ist Kannibalismus die Erlösung?

Warum gibt es in meinem Paradies keine Jungfrauen, sinniere ich.

Meine Möbel überleben mich.

Wenn mir etwas herunterfällt, hebe ich es nicht auf, aus Angst man könnte meinen ich sei darauf angewiesen.

Wer bewacht die Wächter…?

Ich habe Angst vor einem Krieg, dabei denke ich oft, es sei schon einer.

Das Leben kann nicht für alle gleich bunt sein, denke ich.

Grau ist die ehrlichste Farbe, meine ich.

Gibt es intelligentes Leben? Wenn ja, wo?

Ich bin kein Pessimist, sagte ich.

Mein Glas ist leer.

Ich weiß nicht, was von dem, was ich erlebt habe, wahr ist.

Ein stiller Tropfen müsste man sein, unbeachtete Anmutigkeit.

Ich habe schöne blaue Augen, denke ich.

Man müsste.… Aber man muss.

Ich bin ein Lyriker, denke ich laut, wenn es leise ist und es keiner hört:

Bärtige Männer, Trinkverbot

Leben lassen, ohne Not

Alle gemeinsam

Keiner allein

Alle leben

Alle geben

Niemals allein

Steig ein.

Ich hätte gerne, dass jemand am Telefon meinen Namen sagt und es so klingt, als ob er mich mag.

Ich schäme mich meiner schlechten Texte wegen.

Ich bin als Kind nicht in einen Brunnen gefallen, denke ich, aber ich frage auch nicht nach.

Nähen Engel die weißen Totenkleider?

Manchmal möchte ich gerne ein Mann sein, denke ich.

Ich zweifle, also bin ich.

Will Arne Jespersen wurde auf einer kleinen Insel zwischen den Gezeiten geboren und siedelte später nach Deutschland um. Er hat ein abgeschlossenes Philosophiestudium und eine zweite Identität als Personenbeförderer.

Jespersen hat einige Zeitungsartikel für deutsche und dänische Zeitungen und einige Rezensionstexte in der Geisteswissenschaft verfasst.

Vieles von dem was er erlebt hat, ist erfunden, aber alles von dem, was er schreibt, ist wahr.